AVVENTURE FAN
Letture per Bambini

Vol.4

DI NONNO MICHELE

Copyright © 2024 di NONNO MICHELE
Tutti i diritti riservati.
Nessuna parte di questo libro può essere riprodotta in qualsiasi forma senza il permesso scritto dell'editore o dell'autore, ad eccezione di quanto consentito dalla legge sul copyright italiana.

Sommario

Racconto 1: Il Misterioso Viaggio dei Coniglietti 9

Esploratori.. 9

Racconto 2: L'Opera delle Api 31

Racconto 3: Il Mistero della Stanza Segreta 53

Racconto 4: I Custodi dell'Arcobaleno 73

Racconto 5: Il Viaggio della Stella Cadente 91

Introduzione

Carissimi piccoli amici,

Sono felice di accogliervi nel quarto volume di "Avventure Fantasiose - Letture per Bambini". Sono Nonno Michele, il vostro compagno di storie e sogni, e sono entusiasta di condividere con voi cinque nuovi racconti incantevoli che vi porteranno in mondi magici e avventure straordinarie.

Nel primo racconto, **"Il Misterioso Viaggio dei Coniglietti Esploratori"**, seguirete le impronte di coraggiosi coniglietti in un viaggio attraverso boschi incantati e valli misteriose.

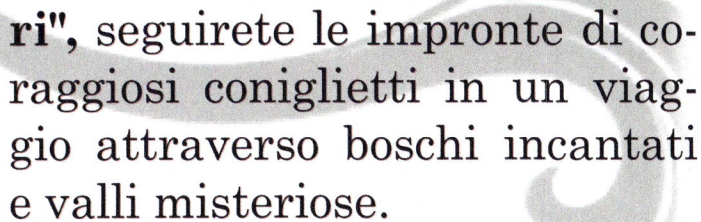

Nell'affascinante secondo racconto, **"L'Opera delle Api"**, entrerete nel magico regno delle api, dove scoprirete il loro ruolo essenziale nella creazione di un mondo floreale vibrante.

Il terzo racconto, **"Il Mistero della Stanza Segreta"**, vi condurrà in una casa misteriosa, svelando segreti nascosti e sorprese inaspettate.

Nei **"Custodi dell'Arcobaleno"**, il quarto racconto, farete amicizia con creature straordinarie incaricate di proteggere i colori più vivaci del nostro mondo.

Infine, nel quinto racconto, **"Il Viaggio della Stella Cadente"**, seguirete la luce di una stella cadente attraverso il cielo notturno in una missione unica e affascinante.

Spero che questi racconti vi trasportino in mondi meravigliosi, stimolando la vostra immaginazione e regalandovi momenti di pura magia. Che questo libro sia per voi una fonte di gioia e scoperta, come ogni avventura che ci aspetta nelle pagine che seguono.

Con affetto,

    Nonno Michele

Racconto 1: Il Misterioso Viaggio dei Coniglietti Esploratori

La Nascita dell'Esploratore

In una radura verde e tranquilla, dove i raggi del sole filtrano attraverso le fronde degli alberi, una gioiosa giornata di primavera vide la nascita di un cucciolo di coniglio straordinario. La madre coniglio, con occhi pieni di amore e meraviglia, accarezzò il suo piccolo cucciolo con il morbido pelo grigio e una striscia bianca che correvano lungo la schiena.

La famiglia di conigli, radunata intorno alla nuova vita, era stupita dalla particolare caratteristica di questo piccolo esploratore. Il colore grigio intenso del suo pelo era ravvivato dalla striscia bianca come neve che si snodava lungo il suo dorso, rendendolo unico e affascinante. I conigli adulti sussurravano tra loro con sguardi pieni di meraviglia, e fu così che il cucciolo di coniglio venne battezzato "Cotton Stripe."

Sin dalla sua nascita, Cotton dimostrò una curiosità innata per il mondo circostante. I suoi occhietti scintillanti esploravano ogni angolo della tana, e le sue orecchie, anch'esse adornate da piccoli segni bianchi, sembravano catturare i suoni del bosco circostante. Era come se Cotton fosse nato con un'anima di esploratore, destinato a

scoprire segreti nascosti nel verde regno della natura.
La madre coniglio, osservando il suo piccolo con meraviglia e orgoglio, lo accudiva con amore.

Cotton Stripe cresceva con la voglia di esplorare, spinto dalla sua natura curiosa e dalla magia che emanava dalla sua insolita striscia bianca. Ogni passo incerto che compiva sulla morbida terra della radura sembrava annunciare un'avventura straordinaria.

Il bosco, animato dai suoni melodiosi degli uccelli e dal fruscio delle foglie, assisteva silenziosamente alla crescita di Cotton Stripe. Gli altri coniglietti della famiglia lo guardavano con occhi grandi e affettuosi, affascinati dalla sua diversità. La radura, illuminata dalla luce dorata del sole, divenne il palcoscenico delle prime scoperte di Cotton.

La natura, con i suoi colori vivaci e la varietà di profumi che fluttuavano nell'aria, accoglieva il piccolo esploratore con braccia aperte. Le prime avventure di Cotton Stripe erano solo all'inizio, e il suo cuore pulsava di emozione all'idea delle scoperte che l'attendevano.

Il Club degli Esploratori

Con il passare del tempo, Cotton Stripe crebbe diventando un coniglietto intraprendente e curioso, desideroso di esplorare ogni angolo del Bosco Incantato. Il suo spirito avventuroso attirò altri giovani coniglietti, ognuno dotato di una qualità unica che li rendeva speciali. Così, nacque il Club degli Esploratori, un gruppo segreto dedicato a scoprire i misteri e le meraviglie della natura circostante.

Il primo ad unirsi a Cotton fu Whisker, il coniglietto con baffi sensibili che gli permettevano di percepire il minimo fruscio delle foglie e i suoni più deboli del bosco. Poi arrivò Hopper, coniglietto noto per la sua incredibile agilità e abilità nel saltare tra gli ostacoli con leggerezza e grazia.

Oltre a loro, c'era Clover, un coniglietto con un fiuto eccezionale per riconoscere gli odori più sottili, e Fluff, il coniglietto dalla pelliccia soffice, capace di mimetizzarsi perfettamente tra i fiori.

Il Club degli Esploratori si riuniva in segreto in una radura incantata, lonlontana dagli occhi indiscreti. Qui, Cotton guidava il suo team di amici attraverso i percorsi nascosti del bosco, rivelando loro la bellezza di luoghi magici e segreti custoditi dalla natura. Ogni membro del club contribuiva con la propria abilità unica, creando un'armonia perfetta tra di loro.

Insieme, attraversarono ruscelli scintillanti, risalirono colline coperte di fiori colorati e si addentrarono in radure misteriose. Lungo il cammino, Cotton e gli Esploratori fecero nuove amicizie tra le creature del bosco, condividendo la loro gioia e imparando preziose lezioni di vita. Clover insegnò loro l'importanza di seguire il proprio istinto, Whisker li guidò attraverso percorsi segreti, e Hopper li sorprese con incredibili acrobazie.

Le loro avventure non erano solo per il divertimento, ma anche per imparare importanti lezioni sui valori dell'amicizia, dell'unità e del rispetto per la natura. Ogni qualità unica di un Esploratore aggiungeva un pezzo al puzzle, rendendo il Club un esempio di come le differenze potessero unirsi per creare qualcosa di straordinario.

Il Bosco Incantato si rivelò essere una fonte inesauribile di meraviglie, e il Club degli Esploratori ne diventò il custode, promettendo di proteggerlo e preservarne la magia per le generazioni a venire. La loro amicizia e il loro impegno nel comprendere la bellezza del mondo intorno a loro fecero sì che il Club diventasse un simbolo di armonia e connessione, celebrando la diversità come una forza che può unire cuori e menti

La Scoperta della Mappa Magica

Una giornata soleggiata nel Bosco Incantato, Cotton Stripe e il Club degli Esploratori si ritrovarono in una radura magica, circondati da alberi giganti e fiori luminosi. Mentre esploravano, Fluff scoprì un'apertura nascosta dietro una cascata di fiori. Curiosi, si avventurarono nel passaggio segreto e trovarono una tana nascosta al suo interno.

Al centro della tana, su un antico tavolo di pietra, giaceva una mappa avvolta in un alone di magia. La luce riflessa dalle pareti della tana illuminava la carta, rivelando sentieri luminosi e luoghi misteriosi. Era la Mappa Magica del Bosco Incantato, un tesoro nascosto che avrebbe guidato Cotton e gli Esploratori attraverso nuove e straordinarie avventure.

L'emozione danzava negli occhi di Cotton mentre posava il suo sguardo sulla mappa. La sua striscia bianca iniziò a brillare delicatamente, come se fosse in sintonia con il potere magico della carta. La Mappa Magica mostrava dettagliati indizi e simboli che indicavano luoghi segreti e antichi misteri del bosco. Era un invito a esplorare territori mai prima d'ora scoperti.

Cotton, con la sua innata capacità di comprendere gli indizi magici, si rivelò cruciale per interpretare la mappa. La sua striscia bianca agiva come una sorta di bussola magica, illuminandosi quando si avvicinavano a un luogo di particolare importanza.

Attraverso le indicazioni della mappa, il Club degli Esploratori si inoltrò in regioni del bosco che mai avrebbero immaginato, incontrando creature magiche e scoprendo antiche rovine incantate.

Ogni passo nel bosco rivelava nuovi dettagli sulla mappa. Gli indizi magici portarono gli Esploratori attraverso corsi d'acqua incantati, radure abitate da creature fantastiche e colline di fiori incantati. Cotton, guidato dalla sua striscia bianca, si rivelò un interprete straordinario degli indizi, conducendo il Club con saggezza attraverso le sfide che il Bosco Incantato aveva in serbo per loro.

La scoperta della Mappa Magica non solo aggiunse un nuovo livello di emozione alle avventure del Club, ma unì ancor di più gli Esploratori. Ogni membro contribuiva con la sua unica abilità, lavorando insieme per interpretare gli indizi e decifrare i segreti del Bosco Incantato. Con Cotton come guida, il Club diventò un'ancora di saggezza e lezione, imparando che la conoscenza e la collaborazione erano le chiavi per svelare i misteri più profondi del loro amato bosco magico.

La Sfida del Bosco Incantato

Attraverso la luce del crepuscolo, il Club degli Esploratori si addentra nel Bosco Incantato, guidato dalla mappa magica che Cotton Stripe ha scoperto. Il bosco si presenta come un luogo di magia palpabile, con alberi imponenti e creature misteriose che si muovono tra le ombre. La tensione attraverso il quale il Club degli Esploratori può liberare il bosco da questa maledizione.

Mentre il Club degli Esploratori avanza attraverso il Bosco Incantato, Cotton Stripe, con la sua striscia bianca, sente una connessione speciale con il luogo. I dettagli magici e misteriosi del bosco sembrano rispondere alla sua presenza.

Improvvisamente, Cotton avverte una sorta di richiamo e guida il gruppo in una radura al centro del bosco.

Nella radura dell'avventura riempie l'aria mentre i coniglietti, con Cotton in testa, si avventurano sempre più in profondità.

Ben presto, il bosco rivela la sua sfida principale: un'enorme gabbia magica che intrappola gli abitanti del bosco e ne oscura la vitalità. Un'oscura magia, emanata da una presenza sinistra, ha gettato il Bosco Incantato nell'oscurità.

La mappa indica chiaramente il percorso, tra l'incanto degli alberi e i riflessi della luce filtrante tra le foglie, il Club degli Esploratori scopre un altro coniglietto.

Ma c'è qualcosa di straordinario in questo nuovo arrivato: è completamente bianco, ma ha una striscia grigia che gli attraversa la schiena. Un senso di meraviglia e stupore invade il gruppo mentre Cotton e il coniglietto bianco si guardano l'un l'altro.

La mappa magica, reagendo alla presenza dei due coniglietti speciali, inizia a brillare con una luce intensa. Cotton Stripe e il coniglietto bianco, quando si posizionano davanti a un grande specchio magico al centro della radura, creano insieme una figura particolare. La striscia bianca e la striscia grigia si intrecciano perfettamente, formando la sagoma di una chiave speciale.

Il Club degli Esploratori, guidato dalla saggezza di Cotton e dal coraggio del coniglietto bianco, comprende che questa chiave è la soluzione per liberare il Bosco Incantato dalla gabbia magica.

Cotton, con la sua unicità, ha finalmente compreso il significato profondo della sua striscia bianca: è una chiave magica che può sbloccare la forza del legame tra la diversità e l'amicizia.

Il momento cruciale si avvicina mentre i due coniglietti, con determinazione e unità, si avvicinano all'immensa gabbia magica.

Posizionano la chiave formata dalle loro strisce davanti allo specchio magico. Un bagliore magico si sprigiona dalla chiave, diffondendosi attraverso la gabbia e sciogliendo le catene magiche che avevano imprigionato il Bosco Incantato.

Il bosco, finalmente liberato, esplode in una sinfonia di colori e suoni. Gli alberi tornano ad ondeggiare leggermente, gli uccelli a cantare in coro e le creature magiche si affacciano timidamente dai loro nascondigli.

Cotton Stripe e il coniglietto bianco vengono accolti con gioia e gratitudine da tutti gli abitanti del bosco.

La mappa magica, ormai incisa nei cuori degli Esploratori, si chiude con un bagliore sereno.

Cotton Stripe, il coniglietto bianco e il Club degli Esploratori hanno dimostrato che l'unità nella diversità può essere una forza straordinaria. Con il Bosco Incantato libero dalla maledizione, la mappa magica svela nuovi percorsi e avventure che attendono di essere esplorate.

Il Ritorno Trionfante

La luce del successo e della liberazione del Bosco Incantato brilla nei cuori dei coniglietti esploratori mentre fanno ritorno al loro rifugio. L'atmosfera è pervasa da una gioia radiante, testimone del trionfo dell'amicizia, della diversità e della collaborazione.

Cotton Stripe, una volta percepita la sua striscia bianca come un peso, ora la accoglie come un simbolo prezioso della sua unicità. La sua diversità si è rivelata essere la chiave per liberare il Bosco Incantato dalla maledizione oscura, insegnando a tutti una lezione fondamentale sulla forza nascosta nella diversità.

Il Club degli Esploratori si riunisce nel loro rifugio, e Cotton esprime la

sua gratitudine a tutti gli amici coniglietti. Ognuno ha giocato un ruolo importante, ciascuno contribuendo con la propria qualità unica. La diversità diventa il motore delle loro avventure, arricchendo il loro viaggio attraverso il Bosco Incantato.

La striscia bianca di Cotton diventa il simbolo tangibile di come le differenze possono completare l'armonia del gruppo. I coniglietti esploratori hanno imparato che, quando si uniscono le forze e si abbraccia la diversità, si possono superare le sfide più difficili.

La storia culmina in una festa scintillante nel cuore del Bosco Incantato. Le creature magiche si uniscono alla celebrazione, danzando tra gli alberi e cantando melodie di gioia. Il Bosco Incantato, finalmente libero, risuona di risate e allegria.

La festa continua fino a tarda notte, con i coniglietti esploratori ballando sotto le stelle e condividendo racconti delle loro avventure. La mappa magica, custodita con cura da Cotton, brilla in un angolo del rifugio, simbolo della loro incredibile avventura e delle scoperte fatte insieme.

Mentre la luce del Bosco Incantato si fonde con la luce della luna, Cotton Stripe e gli Esploratori riposano con il cuore colmo di gratitudine e soddisfazione.

Hanno imparato che l'amicizia, la diversità e l'accettazione sono i veri tesori che rendono le avventure indimenticabili. La loro storia si conclude con il confortante suono della natura e il risveglio di un nuovo giorno, carico di infinite possibilità e nuove avventure.

Racconto 2: L'Opera delle Api

Ambra, la Nascita nella Vallata Incantata

In un mondo incantato, dove il cielo danzava tra sfumature di colori e la natura emanava una melodia di vita, nacque Ambra, un'ape speciale destinata a diventare la protagonista di una straordinaria avventura.

Il suo arrivo fu segnato da un evento unico: le sue ali erano d'oro, uno splendore iridescente che conferiva a Ambra una bellezza unica.

Ambra cresceva in un alveare immerso nell'armonia dell'incanto. Le api, con il loro incessante lavoro instancabile, danzavano tra i fiori e le piante, creando un delicato equilibrio nell'ecosistema. Grazie a loro, il polline si diffondeva, permettendo alle piante di fiorire e alla natura di esplodere in una varietà di colori.

Le ali d'oro di Ambra, anche se meravigliose, non la resero mai superba. Al contrario, Ambra le usava per volare in ogni angolo dell'alveare, portando gioia e vitalità ovunque andasse. Il suo spirito curioso la guidava attraverso il giardino incantato, un luogo dove le piante si intrecciavano come note di una dolce sinfonia.

Le api e le piante condividevano un legame speciale. Le api raccoglievano il nettare dai fiori, aiutando nella diffusione del polline e garantendo così la fecondazione delle piante. In cambio, le piante offrivano il loro splendore e la loro dolcezza, nutrendo le api e mantenendo l'equilibrio nella natura.

Il sole splendeva su questo mondo incantato, e Ambra diventava sempre più consapevole del suo ruolo nella magica sinfonia della vita. Le ali d'oro diventarono un simbolo di speranza e bellezza, e le altre api la guardavano con ammirazione.

L'alveare era un luogo di comunità e amore reciproco. Le api condividevano i loro doni, si prendevano cura l'una dell'altra e celebravano insieme le stagioni che cambiano. La natura rispondeva con la sua grazia, offrendo paesaggi mozzafiato e profumi avvolgenti.

In questo paradiso di armonia, Ambra imparò l'importanza di custodire la bellezza della natura e di contribuire al suo mantenimento. La sua avventura iniziò, intrisa di scoperte straordinarie e di una connessione più profonda con il cuore pulsante del giardino incantato.

Con le sue ali d'oro, Ambra non solo volava tra i fiori, ma diventava la custode di un equilibrio magico.

Un giorno, questa armonia sarebbe stata messa alla prova, e Ambra avrebbe dimostrato quanto potesse essere forte il suo cuore d'oro di fronte alla sfida che attendeva nel futuro incantato.

L'Orrore del Piano Malvagio

Ambra, con le sue ali d'oro che risplendevano come raggi di sole, volava leggera attraverso la vallata incantata. Ma quel giorno, mentre si librava tra gli alberi e i fiori, qualcosa turbò la sua armoniosa esistenza.

Conversando con le farfalle, le libellule e gli uccellini, Ambra comprese che un'ombra oscura si stava allungando sul loro paradiso incantato.
Gli alberi, una volta vibranti di vitalità, erano ormai morenti, e i fiori, che una volta danzavano con il vento, gia-

cevano appassiti al suolo. L'orrore del piano malvagio si manifestava attraverso un velo di tristezza che avvolgeva ogni angolo della vallata.

Parlando con le farfalle, Ambra apprese la crudele verità. Una maga malvagia aveva tessuto un piano oscuro per trasformare la rigogliosa natura in un deserto di pietra. Cenere inquinata aveva soffocato la vita, e la vitalità della vallata incantata era in rapido declino.

L'ape dorata sentì il suo cuore pulsare più forte di fronte a questa tragedia inaspettata. La bellezza della vallata, la melodia della natura, tutto stava scomparendo. Ambra sapeva che doveva fare qualcosa per fermare questo orrore e preservare la magia che la circondava.

Decisa a comprendere appieno la portata del disastro, Ambra si diresse verso il centro della valle. Qui, tra gli alberi morenti e i fiori appassiti, scoprì una cenere inquinata che avvelenava il terreno.

La maga malvagia aveva gettato questa sostanza malefica per soffocare ogni forma di vita.

La piccola ape con ali d'oro si confrontò con la devastazione, e il suo cuore si riempì di determinazione. Senza indugiare, volò alla ricerca del Signore Grande Guardiano della Natura, il custode supremo dei giardini incantati.

Il Signore Grande Guardiano, un maestoso albero centenario, ascoltò con gravità il racconto di Ambra. Compresero insieme che la maga malvagia aveva attaccato il cuore della natura, cercando di tramutarlo in un luogo senza vita.

Ambra, con il suo cuore d'oro, accettò la sfida di fermare la maga malvagia e salvare la vallata incantata. Il Signore Grande Guardiano la benedisse, conferendole la forza della natura stessa.

Ambra partì, carica di speranza e risoluta a sconfiggere l'oscurità che minacciava il loro mondo.

La sua avventura per porre fine all'orrore del piano malvagio aveva appena inizio, e Ambra sapeva che solo attraverso la forza della collaborazione, dell'amicizia e dell'amore per la natura avrebbe potuto trionfare sul male e riportare la vita e la vitalità nel giardino incantato

La Corsa contro il Tempo

Ambra, con il peso dell'urgenza nel cuore, si lanciò nell'aria, sospinta dalle ali d'oro che brillavano come raggi di sole. La sua missione era chiara: raggiungere il **Re Vita**, il maestoso guardiano della natura, e chiedere il suo aiuto per fermare la maga malvagia che minacciava il giardino incantato.

Attraversando montagne e fiumi, la piccola ape volava con determinazione, superando ogni ostacolo che si frapponeva tra lei e il suo destino. La maga malvagia aveva già gettato il suo oscuro incantesimo, e il tempo scorreva inesorabile. Ambra sapeva che solo con l'aiuto del **Re Vita** avrebbero potuto invertire il maleficio e preservare la vita nel giardino incantato.

Durante il suo viaggio, Ambra si trovò ad affrontare sfide temibili. Cacciatori di oro, desiderosi di impossessarsi delle sue preziose ali d'oro, tentarono di intercettarla lungo il cammino. Ma la piccola ape, con agilità e astuzia, sfuggì a ogni minaccia, determinata a proteggere il dono che la natura le aveva conferito.

Il tempo stringeva, ma Ambra non conosceva stanchezza. Volava incessantemente, attraversando valli e foreste, seguendo il richiamo del **Re Vita**. Il suo piccolo cuore pulsava all'unisono con la natura, e il suo coraggio cresceva ad ogni battito d'ala.

Finalmente, dopo un ardente percorso, Ambra giunse al cospetto del **Re Vita**. Una maestosa quercia antica, radicata profondamente nel suolo, lo rappresentava. Con voce calda e saggezza nei suoi occhi, il **Re Vita** ascoltò il racconto dell'ape dorata e comprese l'urgenza della situazione.

Il **Re Vita** conferì ad Ambra una benedizione speciale, donandole il potere di rinvigorire la natura. Le ali d'oro di Ambra brillarono intensamente, assorbendo la magia del **Re Vita**. Ora, la piccola ape era pronta a fronteggiare la maga malvagia e a salvare la vallata incantata.

Con un addio rispettoso al **Re Vita**, Ambra si lanciò nuovamente nel cielo, guidata dalla luce delle sue ali d'oro. La sua corsa contro il tempo era ora più incalzante che mai. Doveva raggiungere la maga malvagia e invertire il suo oscuro incantesimo prima che fosse troppo tardi.
La natura, nel frattempo, languiva sotto l'incantesimo malvagio, ma il

cuore di Ambra era colmo di speranza. Con determinazione e amore per il suo mondo incantato, la piccola ape si dirigeva verso il culmine della sua avventura, pronta a fronteggiare la maga malvagia e a riportare la vita e la vitalità nel valle incantata.

La Sconfitta della Maga

Guidata dalle ali d'oro, Ambra si lanciò nel cielo, portando con sé la benedizione del **Re Vita**. Il suo viaggio di ritorno alla vallata incantata era impregnato di urgenza, ma la piccola ape non era sola. Lungo il cammino, incontrò amici di grande cuore che la aiutarono a percorrere il viaggio più velocemente.

Il primo a offrirle un passaggio fu un draghetto di smeraldo, con le sme- ali scintillanti sotto il sole. Ambra salì sulla schiena del gentile drago, e insieme sfrecciarono attraverso le nuvole, tagliando il vento con la loro determinazione. Il draghetto di smeraldo le diede il suo saluto con un brillante sorriso prima di lasciarla a terra.

Poco dopo, una famiglia di falchi, con occhi acuti e ali potenti, notò Ambra in volo. Accogliendola con gentilezza, i falchi la presero sotto la loro protezione e la trasportarono veloce come il vento. Le valli e i fiumi si susseguivano sotto di loro mentre attraversavano paesaggi mozzafiato, fino a quando finalmente giunsero alla vallata amata di Ambra.

Il ritorno fu accogliente e commovente. Creature del bosco, amichevoli farfalle, coccinelle e uccelli di ogni piumaggio, si radunarono per sostenere Ambra nella sfida imminente. La notizia della maga malvagia aveva già raggiunto gli abitanti del bosco, e tutti erano pronti a combattere per proteggere la loro casa.

La maga malvagia, con il suo oscuro potere, aveva trasformato la rigogliosa natura in un deserto di pietra. Ma Ambra e le creature del bosco non temevano, perché portavano con sé la luce dell'unità e l'amore per la natura. L'incontro con la maga fu epico.

Con coraggio, le creature del bosco affrontarono il suo oscuro potere, respingendo le tenebre con la loro luce interiore. Ambra, nel momento cruciale, sfruttò il potere di rinvigorire la natura che il **Re Vita** le aveva donato. Le sue ali d'oro emanarono una luce brillante, e con un gesto maestoso, Ambra ristabilì l'equilibrio naturale.

La maga malvagia fu sconfitta. La cenere inquinata che aveva soffocato la vita fu rimossa, e la natura, sebbene ferita, cominciò a guarire. Le foglie ritornarono a danzare al vento, i fiori si schiusero e gli alberi riacquistarono la loro forza vitale. Un profumo di rinascita avvolse la vallata amata.

Ambra, accolta dagli applausi delle creature del bosco, si sentì gratificata. La sua avventura aveva dimostrato che, quando ci si unisce con amore e determinazione, si può sconfiggere anche il male più oscuro. Il giardino incantato, ora più forte e più radiante, risplendeva nella luce del nuovo giorno.

La storia di Ambra e della sconfitta della maga malvagia divenne leggenda, tramandata da generazione in generazione. Il coraggio e la forza della piccola ape furono celebrati in ogni angolo del bosco incantato, e la natura, rinata, rifiorì sotto la sua luce.

La Celebrazione della Rinascita: Un Inno alla Natura

Dopo la sconfitta della maga malvagia, la vallata amata di Ambra risuonò di gioia e celebrazione. Le creature del bosco, con ali svolazzanti e zampe agili, si radunarono per esprimere la loro gratitudine alla piccola ape coraggiosa. La vallata era tornata alla sua antica bellezza, e ogni creatura voleva ringraziare Ambra per il suo straordinario contributo.

Il **Re Vita**, il grande guardiano della natura, si avvicinò a Ambra con occhi lucenti di riconoscenza.

- "Ambra," disse con voce profonda e calorosa

- "sei un dono prezioso per la nostra casa. La tua luce ha risvegliato la vitalità della natura, e il nostro mondo è indebitato alla tua coraggiosa determinazione."

Le farfallavano intorno a Ambra, decorando il suo cammino con i loro colori vivaci. Le libellule creavano giochi di luce nelle acque scintillanti dei ruscelli. Gli uccellini, con i loro canti melodiosi, formavano un coro di ringraziamento nel cielo azzurro.

La celebrazione raggiunse ogni angolo della vallata e oltre. Creature provenienti dai boschi più lontani si unirono alla festa, portando doni di fiori e frutti. Gli animali della foresta e gli uccelli del cielo danzavano insieme, celebrando la rinascita della loro casa. Ambra, modesta e grata, rispondeva con un sorriso generoso.

- "Questa vittoria non è solo mia, ma di tutti voi," disse.
- "Abbiamo dimostrato che, quando ci uniamo per proteggere ciò che amiamo, possiamo superare qualsiasi oscurità."

Nel corso della festa, il **Re Vita** si alzò e pronunciò un discorso toccante.
- "Oggi celebramo non solo la vittoria sulla maga malvagia, ma anche il potere della natura e la nostra responsabilità di preservarla. La natura ci dona tanto: l'aria pura che respiriamo, la bellezza che ci circonda, il rifugio nei suoi boschi. Ogni creatura ha un ruolo unico in questo delicato equi-

librio, e dobbiamo custodire il nostro mondo con amore e rispetto."

Gli animali annuirono con saggezza, consapevoli dell'importanza di prendersi cura del loro prezioso ambiente. L'ape Ambra, con le ali d'oro scintillanti, sollevò una coppa di nettare in un brindisi simbolico.

- "Alla natura, alla vita e all'amore che condividiamo con essa!" esclamò.

La festa continuò fino a quando la luce del tramonto si diffuse attraverso gli alberi. Le creature del bosco, sazie di gioia e gratitudine, si ritirarono nei loro rifugi, ma non prima di scambiarsi promesse di preservare l'armonia del loro mondo.
Ambra, in silenzio, si posò sulla soglia della sua tana, osservando il cielo notturno. Le stelle brillavano come picco-

li diamanti, e il vento portava il profumo di fiori rigogliosi. La natura aveva vinto, e la rinascita della vallata era diventata una storia eterna, narrata sotto il manto stellato.

Il bosco incantato si addormentò con la promessa di un nuovo giorno, consapevole dell'amore e della dedizione che ogni creatura aveva per la sua casa. E Ambra, con le ali d'oro ripiegate dolcemente, si immerse in un sonno sereno, accompagnata dai sogni della natura che fioriva nella sua splendida rinascita.

Racconto 3: Il Mistero della Stanza Segreta

La Scoperta della Porta Segreta

In una tranquilla giornata piovosa, Alice, Luca, Sofia e Marco si trovano nel seminterrato della scuola per sfuggire alle gocce che danzano nel cortile. Mentre cercano riparo, qualcosa attira l'attenzione di Alice.

Spazzando via la polvere da un angolo trascurato, il suo sguardo inciampa su una porta che sembra non essere mai stata notata prima. Un portale vecchio e polveroso che ha l'aria di custodire segreti dimenticati.
Intrigati, i ragazzi si avvicinano alla porta, le cui cerniere cigolano quando viene spalancata.

Uno spiraglio di luce illumina la polvere nell'aria mentre la porta si apre lentamente, rivelando un passaggio segreto al di là. Un misto di eccitazione e timore si diffonde tra gli amici mentre la luce svela un corridoio buio e misterioso.

- "Chi sa che cosa c'è di là?" chiede Luca con un sorriso malizioso.

- "Penso che dobbiamo scoprirlo," suggerisce Sofia, i suoi occhi scintillano di curiosità.

Accettando la sfida, decidono di varcare la soglia della porta segreta e intraprendere un'avventura che cambierà per sempre la loro percezione della realtà.

Mentre attraversano il corridoio, il suono dei loro passi risuona in un eco suggestivo, amplificando il senso di mistero che li avvolge

L'Ingresso nella Stanza Magica

La porta segreta si apre su un universo incantato. Una volta attraversato il confine tra il seminterrato e la stanza misteriosa, gli occhi dei ragazzi si illuminano di meraviglia e stupore.

La stanza magica si rivela come un luogo straordinario, pieno di scaffali traboccanti di libri antichi e polverosi. Ciascun volume sembra avere una propria anima, e il loro fascino è irresistibile.

Le pareti della stanza risplendono di un bagliore tenue, creando un'atmosfera accogliente e avvolgente. I raggi di luce filtrano attraverso finestre invisibili, illuminando la polvere sospesa nell'aria e creando un effetto magico. La stanza è un rifugio letterario, un santuario di saggezza e avventure.

Sul pavimento, un tappeto logoro ma intriso di storia accoglie i visitatori, mentre poltrone comode invitano a sedersi e immergersi nei mondi racchiusi nei libri.

I ragazzi, ancora increduli, si guardano attorno con occhi sgranati, assaporando l'anticipazione dell'avventura che li attende.

Il fascino irresistibile dei libri attrae i loro sguardi, e senza esitazione, Alice sceglie un volume dall'aspetto antico. I ragazzi si radunano intorno a lei, pronti a scoprire cosa si cela dietro le pagine ingiallite. Non appena il libro si apre, una luce magica li avvolge, e il mondo intorno a loro inizia a sfumare.

Improvvisamente, si ritrovano su un'isola galleggiante tra le nuvole. L'aria è leggera e profumata, e creature straordinarie danzano nell'aria. Il suolo sotto i loro piedi sembra com-

posto da nuvole soffici e colorate, mentre arcobaleni si dipingono sopra di loro.
Gli alberi sono fatti di sogni intrecciati, e il canto di uccelli mai sentiti prima riempie l'aria.

Le emozioni dei ragazzi sono una miscela di eccitazione e stupore. Si guardano intorno con occhi sgranati, colti dal desiderio di esplorare questo mondo magico che si è aperto davanti a loro.

La stanza magica si è trasformata in un portale per avventure straordinarie, e i ragazzi sono pronti a lasciarsi trasportare dalle pagine dei libri che li circondano.

Le Avventure Letterarie

Le pagine dei libri sfoggiano un vortice di colori e scintille magici mentre i ragazzi si immergono nelle avventure letterarie. Ogni volume che aprono li trasporta in mondi unici e affascinanti, ciascuno con la propria magia distintiva.

Il primo libro li catapulta in una foresta incantata, dove gli alberi sussurrano segreti e creature mitiche danzano tra i rami. Le foglie brillano come stelle cadenti, e il suolo è tappezzato di fiori incantati.

In questa avventura, imparano che la bellezza può nascondersi ovunque, anche nei luoghi più inaspettati, e la curiosità è la chiave per scoprire il mondo magico che li circonda.

Nel secondo libro, si ritrovano in un regno sottomarino, dove le creature marine li accolgono con gioia. Attraversano coralli scintillanti e giocano con delfini giocosi.

In questo mondo sommerso, scoprono l'importanza della diversità e dell'accettazione, imparando che ogni creatura, per quanto diversa, ha un ruolo prezioso nell'ecosistema.

Il terzo libro li conduce in un deserto senza fine, dove le dune di sabbia si trasformano in colline di zucchero e gli alberi sono fatti di caramelle. Affrontano enigmi dolci e imparano che anche nelle sfide più zuccherine, la perseveranza è fondamentale per raggiungere il successo.

Ad ogni passo, le avventure insegnano loro lezioni preziose. Nella foresta incantata, scoprono che l'amicizia è il legame più forte, capace di superare ogni ostacolo.

Nel regno sottomarino, imparano che la fiducia reciproca è essenziale per la collaborazione. Nel deserto di dolciumi, realizzano che l'immaginazione è un dono prezioso che può trasformare la realtà.

Mentre attraversano questi mondi fantastici, il legame tra i quattro amici si rafforza. Ogni avventura rafforza il loro rispetto reciproco, creando un'armonia che si riflette nei mondi magici che attraversano. Scoprono che insieme sono più forti e che le loro differenze sono ciò che rende la loro squadra straordinaria.
In questo viaggio, la collaborazione diventa il filo conduttore.

Risolvono enigmi insieme, affrontano sfide insieme e celebrano le vittorie insieme. Ogni avventura contribuisce alla crescita di ciascun ragazzo, insegnando loro il valore della fiducia, della lealtà e della determinazione.

Il loro cammino attraverso queste avventure letterarie li ha trasformati in veri esploratori, pronti ad affrontare qualsiasi sfida con il cuore aperto all'amicizia, all'immaginazione e alla scoperta

La Sfida Epica

Il nuovo libro scelto si aprì con un raggio di luce dorata, rivelando una mappa antica segnata da simboli enigmatici e testi criptici.

I quattro amici, immersi nell'atmosfera misteriosa della stanza magica, fissarono la pagina con occhi curiosi. Un testo sottolineava l'antica profezia di un mondo incantato intrappolato nella maledizione di uno stregone malvagio. Solo risolvendo un enigma antico, avrebbero potuto liberare quel regno magico dal suo oscuro destino.

La tensione si fece sentire nell'aria mentre Alice, Luca, Sofia e Marco si sforzarono di decifrare gli indizi dispersi sulla mappa.

Ogni dettaglio assumeva un significato critico, e l'orologio ticchettava con un ritmo inesorabile. Il tempo era una risorsa preziosa, e il destino del mondo magico pendeva sulla loro abilità di risolvere l'enigma.

La collaborazione tra i quattro amici raggiunse nuove vette. Ognuno portava una prospettiva unica, e il loro dialogo animato rivelava la forza della diversità e della fiducia reciproca.

Alice, con la sua mente analitica, individuò schemi nascosti nella mappa. Luca, appassionato di storie antiche, interpretò i simboli alla luce della mitologia.

Sofia, con la sua intuizione magica, avvertì energie sottili nella stanza. Marco, dotato di creatività senza limiti, propose idee fuori dagli schemi.

La sfida epica richiedeva pazienza, ingegno e unione di forze. Attraverso tentativi e errori, scoprirono che la chiave per risolvere l'enigma giaceva nelle relazioni tra le creature magiche raffigurate sulla mappa.

Ogni figura aveva un ruolo specifico da svolgere, e solo combinando i loro doni avrebbero potuto attivare il potere necessario per sconfiggere lo stregone malvagio.

Le voci dei ragazzi si unirono in un coro armonioso di idee, formando un legame che superava il mondo reale e si estendeva nel regno incantato. Man mano che risolvevano gli enigmi, sentivano il palpito del cuore del mondo magico, che risuonava di gratitudine. Nella stanza magica, la luce intensa aumentò, rispecchiando il progresso dei ragazzi nella loro missione.

Il momento culminante arrivò quando, finalmente, le creature magiche sulla mappa si animarono. Draghi, unicorni, folletti e creature fantastiche danzarono insieme, creando un vortice di energia positiva.

Un portale magico si aprì, liberando il mondo incantato dalla maledizione.

Lo stregone malvagio fu sconfitto, e la luce della libertà brillò attraverso ogni angolo del regno magico.
Il lieto fine fu celebrato con gioia e gratitudine. Le creature magiche, ora libere, si riunirono intorno ai quattro amici, esprimendo la loro riconoscenza.

Alice, Luca, Sofia e Marco si abbracciarono, consapevoli di aver compiuto un'impresa straordinaria insieme. L'esperienza li avrebbe segnati per sempre, e il legame instaurato tra di loro avrebbe continuato a vivere attraverso ogni pagina di questa avventura letteraria.

Il ritorno con i cuori colmi

Dopo la vittoria nell'epica avventura letteraria, i quattro amici decisero di fare ritorno alla loro stanza magica nella scuola. Si abbracciarono, con gli occhi ancora brillanti di emozione e cuori pieni di gratitudine. La stanza, avvolta dalla luce magica dei libri antichi, sembrava accoglierli con un sorriso silenzioso.

Seduti in cerchio, iniziarono a riflettere sulle incredibili avventure che avevano vissuto insieme.

Ogni pagina girata aveva portato con sé nuove lezioni, e le loro menti erano arricchite dalla magia della conoscenza. Capirono che la vera ricchezza dei libri non risiedeva solo nelle storie affascinanti, ma anche negli insegnamenti che trasmettevano.

L'amicizia che li univa era stata il collante che aveva reso possibile ogni successo. La fiducia reciproca, la collaborazione e il rispetto per le differenze avevano creato una sinergia magica, capace di superare ogni sfida. Le loro abilità complementari avevano trasformato l'impresa in una danza armoniosa di intelligenze uniche.

Con cuori riconoscenti, decisero di condividere la loro esperienza straordinaria con gli altri compagni di scuola. Attraverso racconti entusiasmanti e animati, incitarono tutti a esplorare il magico mondo dei libri, invitandoli a scoprire il potere illimitato della fantasia.

La stanza magica non era più solo il loro segreto, ma un tesoro aperto a tutti coloro che avevano il coraggio di credere nell'incanto della lettura.
La morale della storia si rivelò chiara e luminosa come la luce magica della stanza.

La vera avventura non si limitava alle pagine dei libri, ma si svolgeva attraverso l'amicizia, la comprensione reciproca e l'amore per la conoscenza. Gli amici compresero che i veri tesori della vita si trovano nelle scoperte condivise e nell'abbraccio caloroso della vera amicizia.

La storia si concluse con un lieto fine, un inno alla magia dell'amicizia e alla

ricchezza delle avventure vissute insieme.

In un mondo sempre più veloce e tecnologico, i quattro amici avevano scoperto che la vera magia risiede nella connessione umana e nella bellezza senza tempo delle parole scritte. E così, con il cuore colmo di gioia e saggezza, si congedarono dalla stanza magica, portando con sé il tesoro prezioso delle lezioni apprese e delle amicizie indissolubili.

Racconto 4: I Custodi dell'Arcobaleno

La Scoperta del Libro Incantato

Nel tranquillo pomeriggio nel parco, Marta, Alessio e Giorgia esploravano il loro mondo con allegria e curiosità. Il parco, con i suoi alberi secolari e le distese verdi, era il loro rifugio quotidiano. Ma quel giorno, qualcosa di straordinario li attendeva.

Mentre giocavano tra gli alberi, Alessio notò un vecchio albero con radici che sembravano danzare nel terreno. Una luce flebile emanava da una piccola fenditura tra le radici, catturando la loro attenzione. Curiosi, si avvicinarono, e Giorgia, la più audace del trio, notò un libro antico nascosto tra le radici dell'albero.

Lentamente, Alessio prese il libro tra le mani, sentendo una leggera vibrazione magica. I tre amici si guardarono, un misto di eccitazione e incertezza dipinto sui loro volti.

Senza esitazione, Alessio aprì il libro, e immediatamente una luce abbagliante li avvolse. Quando la luce svanì, Marta, Alessio e Giorgia si trovarono in un mondo completamente diverso.

Un paesaggio incantato si estendeva di fronte a loro, con colori vivaci che danzavano nell'aria. Creature magiche volavano sopra di loro, e alberi straordinari sprizzavano scintille di magia.

Erano giunti in un luogo al di là della loro immaginazione, dove ogni elemento sembrava pulsare di vita.

L'albero, che ora sembrava più imponente e saggio, parlò loro con una voce gentile.

- "Benvenuti, giovani esploratori."

Marta, Alessio e Giorgia si guardarono, ancora increduli di quanto stava accadendo. Ma con la determinazione nei loro cuori, accettarono la sfida che si prospettava davanti a loro. Era il primo passo nella loro avventura magica, e il libro incantato avrebbe guidato ogni pagina di questa incredibile storia.

I Custodi dell'Arcobaleno

L'albero saggiamente parlante, con foglie lucenti come gemme, si piegò verso i tre amici, rivelando loro il destino che li attendeva.

- "Voi siete i Custodi dell'Arcobaleno," sussurrò con voce antica.

- "Il vostro compito è nobile e la vostra missione è vitale per questo mondo incantato. Dovete recuperare i colori rubati dal malvagio stregone che minaccia di spegnere la magia di questa terra."

Marta, Alessio e Giorgia ascoltarono attentamente, sentendo la solennità dell'incarico che avevano accettato. L'albero continuò

- "Ognuno di voi è chiamato a custodire uno dei colori dell'arcobaleno. Marta, tu sarai la Custode del Rosso, simbolo di coraggio e passione. Alessio, il Verde sarà il tuo dominio, rappresentando la natura e la speranza. Giorgia, il tuo colore sarà l'Azzurro, simbolo di saggezza e chiarezza."
Con un movimento lento delle sue fronde, l'albero emanò una luce magica che avvolse i tre amici. Un incantesimo antico si materializzò, collegando ogni Custode al proprio colore.

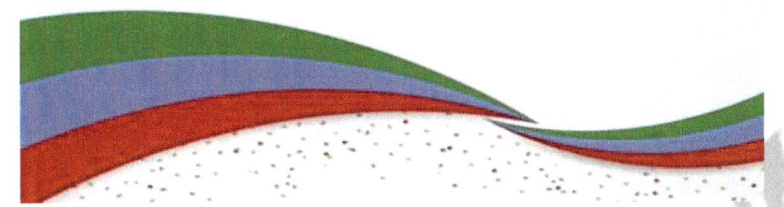

Marta vide il suo abito tingere di rosso, Alessio sentì l'energia verde attraversare il suo corpo, mentre Giorgia fu avvolta da una luce azzurra.

- "L'arcobaleno è la chiave per sconfiggere il male," disse l'albero.

- "I vostri poteri magici derivano da questi colori, e la vostra forza risiede nella collaborazione e nell'unità. Solo insieme potrete riportare l'equilibrio e la luce a questo mondo incantato."

Con i loro nuovi poteri, i Custodi dell'Arcobaleno sentirono un'ondata di fiducia e determinazione crescere dentro di loro. Guardandosi l'un l'altro, sapevano che questa avventura non solo avrebbe richiesto coraggio, ma anche la capacità di condividere e apprezzare le qualità uniche di ciascun Custode.

L'albero, con una saggezza millenaria, li benedisse prima che iniziassero il loro viaggio.

- "Andate ora, Custodi dell'Arcobaleno, e che la luce dei vostri colori guidi il vostro cammino."

Marta, Alessio e Giorgia, con il cuore gonfio di determinazione, si incamminarono verso l'orizzonte incerto, pronti ad affrontare ogni sfida e a riportare la magia e la bellezza rubata a questo mondo incantato.

Il Viaggio Attraverso Terre Misteriose

Il viaggio dei Custodi dell'Arcobaleno li portò attraverso terre misteriose e affascinanti, ciascuna privata di uno dei colori vitali dell'arcobaleno.

La prima terra che attraversarono era completamente priva di rosso. Marta, la Custode del Rosso, sentì la mancanza della passione e del coraggio mentre camminavano attraverso prati senza fiori e cieli senza tramonti infuocati.

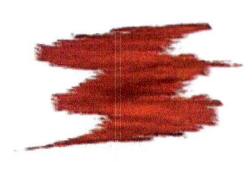

Con il suo potere magico, iniziò a canalizzare il suo colore mancante, creando sfumature ardenti di rosso che danzavano nell'aria. I loro cuori si riempirono di calore, e la terra iniziò a risvegliarsi.

Successivamente, si trovarono in una landa senza verde. Alessio, Custode del Verde, sentì il peso della sua responsabilità mentre contemplava la natura appassita intorno a loro.

Con il suo potere magico, fece crescere rigogliosi prati verdi e alberi che toccavano il cielo. La speranza si riaccese nei loro occhi, e il suolo vibrò di vita.

La terza terra privata di colore era immersa in un cielo senza azzurro. Giorgia, la Custode dell'Azzurro, sentì il bisogno di riportare chiarezza e serenità in questo mondo incantato.

Attraverso il suo potere magico, dipinse il cielo con un azzurro vivido e cristallino, riflettendo la profondità dei suoi pensieri e la saggezza del suo cuore. Ogni passo che facevano portava a una rinnovata sensazione di pace.

Il viaggio attraverso terre sempre più colorate, resuscitate dai poteri dei Custodi, rafforzò la loro amicizia. Ogni sfida affrontata insieme, ogni creatura magica incontrata, contribuiva a creare un legame indissolubile tra Marta, Alessio e Giorgia. Impararono che la diversità dei loro poteri, uniti dalla forza dell'amicizia, era la chiave per superare ogni ostacolo.

Camminando attraverso paesaggi che tornavano a risplendere grazie ai colori dell'arcobaleno, i tre amici realizzarono l'importanza di apprezzare e condividere le proprie unicità. La missione non era solo di ripristinare i colori rubati, ma anche di dimostrare che la forza della diversità e l'unità di intenti erano essenziali per la riuscita di qualsiasi impresa.

Il loro viaggio non era ancora completo, ma il legame che avevano formato e la bellezza che avevano riportato al mondo incantato erano già delle grandi vittorie.

Con i colori dell'arcobaleno a guidarli, i Custodi proseguirono nel loro cammino, consapevoli che la vera magia risiedeva nella forza della loro amicizia.

Il Confronto con lo Stregone Malefico

La tana dello stregone malefico si stagliava davanti ai Custodi, un'oscura e sinistra costruzione circondata da una nebbia nera e penetrante.

Mentre si avvicinavano, il terreno sotto i loro piedi vibrava, segno che il potere malefico dello stregone si faceva sempre più intenso. Marta, Alessio e Giorgia sentivano la tensione nell'aria, ma la forza della loro amicizia li sosteneva.

All'ingresso della tana, lo stregone malefico emerse dalle ombre, un'entità sinistra avvolta da un manto nero che sembrava assorbire la luce stessa. Con occhi lucenti e malevoli, lo stregone li fissò, cercando di intimidirli con il suo potere oscuro. La sua risata fredda e minacciosa riecheggiava nell'aria.

La sfida magica iniziò, con il malefico stregone che scagliava incantesimi oscuri contro i Custodi. Marta, Alessio e Giorgia, uniti nella loro determinazione, si difesero con i loro poteri colorati.

Marta, con il suo rosso ardente, respinse le tenebre. Alessio, con il suo verde rigoglioso, creò uno scudo vivente. Giorgia, con il suo azzurro sereno, dissolse gli incantesimi avversari.

La lotta si intensificò, ma i Custodi mantennero la loro unità. Si scambiavano poteri, si proteggevano reciprocamente e, con ogni incantesimo lanciato, sentivano crescere la forza del loro legame. Lo stregone malefico, incapace di sopportare la luce della loro amicizia, iniziò a indebolirsi.

Con un ultimo sforzo collettivo, i Custodi riuscirono a respingere definitivamente lo stregone malefico. La nebbia nera si dissolse, rivelando un cielo sereno e colorato. I prati e i boschi che erano stati privati dei loro colori si riempirono di vita. L'arcobaleno si dipinse audacemente sopra il paesaggio, simbolo della vittoria dei Custodi.

Ritornarono al loro mondo incantato, portando con sé la gioia della vittoria e il trionfo della loro amicizia. Ogni colore dell'arcobaleno danzava nell'aria, riflettendo la bellezza della diversità e l'importanza di proteggere la magia che risiede nell'amicizia e nell'unità.

La missione dei Custodi dell'Arcobaleno si concluse con un trionfo luminoso, e il loro mondo incantato brillò di nuova vita

Il Ritorno e la Celebrazione

Il parco risplendeva di colori vivaci e di atmosfera festosa quando Marta, Alessio e Giorgia fecero ritorno al loro mondo. Ogni pianta, ogni fiore e ogni creatura sembravano danzare in un tripudio di gioia, riflettendo la rinascita del loro ambiente incantato. I tre amici erano accolti dagli applausi degli animali del bosco e dai sorrisi di farfalle colorate.

Decisero di organizzare una festa per celebrare il loro successo e la rinascita del mondo incantato. Gli alberi erano

ornati con luci scintillanti e gli animali contribuirono con il loro canto festoso.

Nell'aria fluttuavano bolle di sapone iridescenti che rispecchiavano tutti i colori dell'arcobaleno.

Marta, Alessio e Giorgia erano circondati da amici pelosi, piumati e squamosi, tutti uniti per onorare la loro impresa.

Creature magiche si unirono alla celebrazione, regalando spettacoli di luci incantate e svelando doni misteriosi.
L'arcobaleno, simbolo della loro avventura epica, si materializzò nel cielo, illuminando la festa con i suoi colori vibranti.

I tre amici si scambiarono sguardi compiaciuti, abbracciandosi con il cuore gonfio di gioia. La loro amicizia aveva superato prove magiche, dimostrando che l'unità e la collaborazione potevano sconfiggere anche il male più oscuro. Nel cuore della festa, Marta prese un bicchiere scintillante e propose un brindisi.

- "Al potere dell'amicizia e alla bellezza del nostro mondo!", disse con un sorriso radioso.

Gli altri partecipanti alzarono i loro bicchieri, e un coro di voci gioiose risuonò nell'aria. La festa continuò fino a tarda notte, con danze, risate e racconti di avventure. Ogni creatura del bosco aveva un motivo per festeggiare, consapevole che la magia dell'amicizia aveva salvato il loro mondo.

La mattina seguente, Marta, Alessio e Giorgia si svegliarono nel parco, ancora avvolti dalla magia della festa. Gli animali li circondavano, ringraziandoli con sguardi affettuosi. I tre amici sapevano che il loro legame era stato cementato per sempre, e che la bellezza del mondo sarebbe stata preservata grazie al potere dell'amicizia e della magia.

Con cuori leggeri e animi luminosi, Marta, Alessio e Giorgia si incamminarono insieme verso nuove avventure, pronti a esplorare il loro mondo incantato con occhi ancora più radianti.

Racconto 5: Il Viaggio della Stella Cadente

La Scoperta

Nel cuore del Bosco Magico, dove alberi centenari si ergono toccando il cielo e fiori incantati profumano l'aria, un senso di magia permeava ogni foglia, ogni raggio di luce. In questo regno incantato, un gruppo di amici creature magiche stava vivendo un giorno straordinario. La giornata era ordinaria fino a quando un bagliore improvviso attraversò il cielo, catturando l'attenzione di tutti nel bosco.

Gli occhi curiosi di Lula la fata curiosa, brillanti come stelle stesse, si alzarono al cielo nel momento in cui una stella cadente attraversò la volta celeste. Un luccichio di speranza e avventura si diffuse tra gli alberi mentre la stella disegnava un percorso luminoso prima di atterrare in modo spettacolare nella Radura delle Luci Danzanti.

Ollie l'elfo saggio, con la sua barba fluente e gli occhiali a mezzaluna, sollevò lo sguardo dai suoi antichi libri di incantesimi, intravedendo nell'evento celeste un'opportunità unica.

Il piccolo Puff, un drago dal cuore coraggioso e scaglie luccicanti, batté le ali di eccitazione, emettendo piccoli sibili di felicità. Lula, ispirata da un desiderio di scoperta, annunciò con un sorriso radiante:

- "Dobbiamo seguire quella stella cadente! Chi sa quali meraviglie ci riserverà."

La scia luminosa della stella rimase nel cielo notturno come una promessa scritta con polvere di stelle, e il trio di amici non esitò un istante. Imbracciando la curiosità e l'entusiasmo, Lula, Ollie e Puff si diressero verso la Radura delle Luci Danzanti, seguendo il bagliore che sembrava guidarli con il suo canto magico.

La radura, solitamente un luogo di tranquillità e incanto, emanava ora una luce misteriosa e un'energia vibrante. La stella cadente, posta al centro come una gemma celeste, irraggiava un calore magico che danzava tra le fronde degli alberi e rifletteva nei laghetti azzurri. Il trio si ritrovò circondato da un'atmosfera carica di promesse, e l'aria stessa sembrava sussurrare di segreti e avventure.

Lula, col suo vestito di luccicanti fili d'argento, si avvicinò alla stella con il suo sguardo curioso. Ollie, con il suo bastone incantato, studiò attentamente la luce che emanava dalla stella, cercando di comprendere la sua origine. Puff, con ali che luccicavano alla luce stellare, si accoccolò vicino, ansioso di esplorare il mistero insieme ai suoi amici.

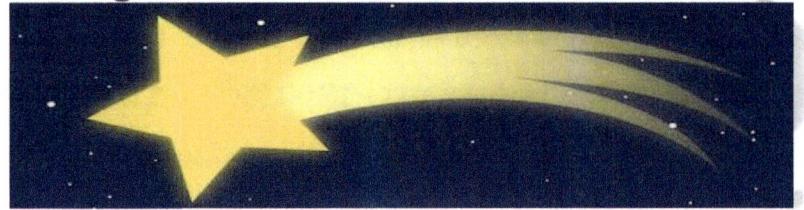

- "Questa stella ha qualcosa di speciale," disse Ollie, sollevando gli occhi dagli appunti che aveva preso.

- "Dobbiamo scoprire il suo segreto e capire come possa influenzare il nostro amato Bosco Magico."

Condividendo lo stesso spirito di avventura e la determinazione di esplorare l'ignoto, il trio decise di seguire la luce della stella attraverso il Bosco Magico, consapevole che il loro viaggio avrebbe portato a scoperte straordinarie e a un cambiamento magico nel loro mondo incantato. E così, con la stella cadente come loro guida luminosa, iniziarono il loro viaggio verso l'ignoto, affrontando sfide e incontrando creature magiche lungo il percorso.

Incontri Magici

Mentre seguivano la scia luminosa della stella cadente attraverso il Bosco Magico, il gruppo di amici si imbatté in incontri magici che avrebbero definito il corso del loro straordinario viaggio.

Il primo ostacolo fu il "Ponte degli Gnomi", una costruzione sospesa tra gli alberi fatta di fiori colorati intrecciati con abilità sorprendente. Gli Gnomi, piccole creature barbute con cappelli a punta, si affacciarono dal ponte, curiosi di vedere chi stesse attraversando il loro regno. Con voci allegre, raccontarono storie di antichi incantesimi e tesori nascosti nel Bosco Magico. Gli amici, affascinati, chiesero consigli agli Gnomi, che offrirono loro una mappa incantata per aiutarli nella loro ricerca.

Proseguendo, il gruppo entrò in un'area illuminata da colori vibranti dove danzavano leggere creature con ali iridescenti: le Farfalle Incantate. Queste creature magiche, custodi del bosco, accolsero Lula, Ollie e Puff con gentilezza. Le Farfalle Incantate offrirono il loro aiuto nel superare le sfide future, donando alle creature amiche magia protettiva.

La suspense cresceva, poiché gli amici si rendevano conto che il loro viaggio non era solo un'impresa personale, ma un'epica missione destinata a cambiare il destino del Bosco Magico.

La successiva sfida si presentò sotto forma di uno stormo di Piume Vaganti, piccoli uccelli dalle piume color pastello. In un momento di confusione, le piume trasformarono l'aria serena in una tempesta di colori, rendendo difficile distinguere amici da nemici.

Con intuito e agilità, il trio riuscì a sfuggire al pericolo, evitando di disturbare gli uccelli e proseguendo il loro cammino con una maggiore consapevolezza del potere misterioso che circondava la stella cadente.

Ogni incontro con creature magiche portava nuovi elementi misteriosi al viaggio, alimentando la suspense con ogni passo. La stella cadente, ancora visibile sopra di loro, sembrava risplendere con maggiore intensità ad ogni successo. Gli amici si resero conto che il loro viaggio non era solo alla ricerca di un segreto magico, ma anche di una connessione più profonda con il Bosco Magico e le sue creature affascinanti.

Con la mappa incantata in mano, la magia protettiva delle Farfalle Incantate e la saggezza acquisita dagli Gnomi, il trio si preparava a intraprendere la prossima tappa del loro viaggio, consapevole che avrebbero affrontato sfide ancora più grandi, ma pronti ad affrontarle insieme.

E così, con la scia luminosa della stella cadente come guida, continuarono il loro percorso attraverso il Bosco Magico, incuriositi e determinati a svelare il segreto che avrebbe cambiato il destino del loro amato regno magico.

L'Enigma del Bosco Antico

Il Bosco Antico si aprì dinanzi al gruppo con la sua maestosità e antica saggezza. Gli alberi, con radici magicamente intrecciate, sembravano custodi di secoli di segreti. In questo regno dimenticato dal tempo, Lula, Ollie e Puff sentirono una vibrazione magica più intensa, come se ogni foglia, ogni ramo, contenesse un enigma da svelare.

Al centro del Bosco Antico, gli amici si trovarono di fronte a un imponente albero parlante chiamato Ent, il Guardiano del Bosco Antico. La voce profonda di Ent risuonò nell'aria, annunciando una serie di prove per coloro che cercavano la verità nascosta. Dovevano dimostrare il loro coraggio e la loro comprensione della magia per passare oltre.

La prima prova consisteva nel superare un labirinto di radici intrecciate. Con determinazione e l'aiuto della mappa incantata fornita dagli Gnomi, il trio attraversò il labirinto, dimostrando che la mola collaborazione e la saggezza erano fondamentali per superare gli ostacoli.

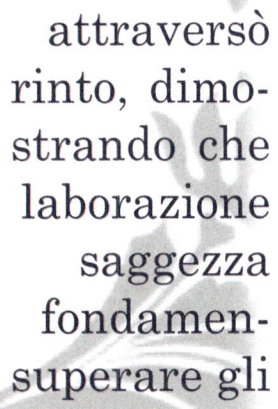

La seconda prova richiese la capacità di risolvere un enigma magico scolpito su un antico tronco d'albero. Ollie, con la sua conoscenza degli incantesimi, e Lula, con il suo spirito creativo, unirono le forze per decifrare il messaggio cifrato. Puff, con gli occhi scintillanti di intelligenza, suggerì la soluzione chiave. La suspense cresceva, ma la soddisfazione di risolvere l'indovinello riempì il Bosco Antico di una luce luminosa.

Infine, la terza prova richiedeva un atto di coraggio: attraversare il Ponte delle Ombre, un passaggio sospeso tra il mondo reale e quello magico, dove le paure più profonde prendevano forma. Con il cuore palpitante, il gruppo avanzò lentamente, superando le ombre oscure che danzavano sul ponte. Ogni passo rappresentava la conquista della paura e l'affermazione della fiducia reciproca.

Mentre superavano l'ultima prova, la tensione si sciolse nel Bosco Antico. Ent, il Guardiano, sorrise con approvazione, rivelando la chiave per continuare il viaggio. Una luce radiante indicò la direzione da seguire, e la stella cadente, ancora visibile sopra il Bosco Antico, sembrò pulsare con gioia.

La suspense che aveva avvolto il gruppo si trasformò in un senso di trionfo e gratificazione. Ollie, Lula e Puff si guardarono negli occhi, consapevoli che avevano superato prove impegnative, dimostrando che l'unità, la saggezza e il coraggio erano gli strumenti fondamentali nel loro viaggio attraverso il Bosco Magico.

Con la chiave in mano, proseguirono, pronti ad affrontare nuove avventure e rivelazioni che li avrebbero condotti più vicino al segreto della stella cadente e alla trasformazione del loro amato regno magico

Amicizia Rafforzata

Man mano che il viaggio attraverso il Bosco Magico proseguiva, il legame tra Lula, Ollie e Puff si rafforzava come un incantesimo magico intessuto con fili di fiducia e affetto.

Attraverso le sfide comuni e i momenti di condivisione, i tre amici imparavano ad apprezzare le abilità uniche di ciascuno e a contare l'uno sull'altro nei momenti di necessità.

Una notte stellata, mentre attraversavano la Radura degli Specchi Magici, si trovarono di fronte a un enigma apparentemente insuperabile.

Uno specchio incantato rifletteva illusioni che confondevano i loro sensi. Ollie, con la sua saggezza, suggerì di chiudere gli occhi e affidarsi all'intuizione. Lula, con la sua magia, creò una luce guida che li condusse attraverso il labirinto di riflessi distorti. Puff, con il suo fiuto affinato, identificò il cammino giusto, dimostrando che insieme potevano superare qualsiasi illusione.

Le prove del Bosco Magico mettevano alla prova non solo le loro abilità, ma anche la forza del loro legame. Durante un temporale improvviso nel Bosco dei Venti Cantanti, Ollie, con il suo bastone magico, riuscì a placare la tempesta, mentre Lula e Puff proteggevano gli alberi e le creature con la loro magia e il coraggio. L'esperienza li aveva resi più forti, ma soprattutto aveva consolidato l'amicizia tra loro.

I momenti di condivisione intorno al fuoco fatato, durante le notti stellate, rivelavano storie personali e sogni che li legavano ancora di più. Lula parlava delle sue avventure passate, Ollie raccontava degli antichi incantesimi che aveva imparato, e Puff condivideva il suo desiderio di esplorare il mondo insieme agli amici.

Risate e segreti venivano condivisi sotto il cielo magico, creando ricordi che sarebbero rimasti impressi nei loro cuori per sempre.
Lo suspense si intensificava man mano che si avvicinavano al punto culminante del viaggio.

La stella cadente, sempre presente, sembrava risplendere con una luce più intensa, suggerendo che la loro missione stava per raggiungere un momento cruciale.

L'amore e la fiducia che si erano sviluppati tra Lula, Ollie e Puff non solo li avrebbero guidati verso la risoluzione del mistero, ma avrebbero anche contribuito a cambiare il Bosco Magico in modi che neanche loro potevano immaginare.

Con il cuore carico di speranza e determinazione, il trio magico si preparava a affrontare il prossimo capitolo del loro viaggio incantato

Il Segreto della Stella Cadente

Finalmente, il trio magico attraversò l'ultima radura e raggiunse il luogo dove la stella cadente aveva fatto il suo atterraggio spettacolare. La radura risplendeva di una luce magica, e l'aria era carica di anticipazione. La stella, adagiata al centro come un gioiello celeste, emanava un calore avvolgente.

Lula, Ollie e Puff circondarono la stella, osservandola con occhi pieni di aspettativa. Era il momento di svelare il segreto che aveva guidato il loro viaggio attraverso il Bosco Magico. Con un tocco delicato, Lula accarezzò la stella, e immediatamente, un vortice di colori e scintille si diffuse nell'aria.

Una voce melodiosa, gentile come il vento tra le fronde degli alberi, si fece udire. La stella cadente cominciò a raccontare la sua storia. Era un frammento di una stella caduta dal cielo per portare un messaggio di speranza e guarigione al Bosco Magico.

Il suo potere non era solo magico, ma anche legato alle emozioni positive e alla connessione tra le creature del bosco.

Con la sua influenza benefica, la stella cadente aveva il potere di accentuare l'amore, la gentilezza e la fiducia nel cuore delle creature magiche. Lula, Ollie e Puff compresero che il loro viaggio aveva non solo rivelato il segreto della stella, ma aveva anche contribuito a rafforzare questi sentimenti nel loro stesso gruppo e in tutto il Bosco Magico.

Il punto culminante del racconto si rivelò un momento di meraviglia e gioia. La stella cadente, con il suo potere, illuminò il Bosco Magico in una sinfonia di colori radianti. Gli alberi si vestirono di foglie lucenti, i fiori emanarono profumi più dolci, e le creature magiche danzarono felici nelle radure incantate.

Il lieto fine del racconto vide il Bosco Magico trasformarsi in un luogo ancora più incantevole grazie all'influenza positiva della stella cadente.

Lula, Ollie e Puff, insieme alle creature magiche, celebrarono il cambiamento con un festoso banchetto sotto le stelle, onorando la magia dell'amicizia, della fiducia e dell'amore che avevano condiviso.

La stella cadente, ora parte integrante del cielo notturno del Bosco Magico, continuò a illuminare la notte, simbolo eterno di speranza e connessione.

Mentre il racconto giungeva alla sua conclusione, Lula, Ollie e Puff guardavano il cielo con gratitudine, consapevoli che il loro viaggio aveva non solo cambiato il destino del Bosco Magico ma anche il loro stesso cuore, ricco di esperienze magiche e di un'amicizia che sarebbe durata per sempre.

Conclusione

Carissimi piccoli amici,

Con il cuore colmo di gratitudine e affetto, giungiamo alla conclusione di questo quarto volume di "Avventure Fantasiose - Letture per Bambini".

È stata un'esperienza straordinaria condividere con voi le storie di coraggiosi coniglietti esploratori, api operaie nel regno floreale, misteri svelati in una stanza segreta, custodi magici dell'arcobaleno e il viaggio incantato di una stella cadente.

Spero che ogni parola abbia scatenato la vostra immaginazione e vi abbia trasportato in mondi magici, suscitando sorrisi e stupore. Sapere che avete apprezzato le avventure è la mia più grande ricompensa. È stato un privilegio intraprendere insieme questi viaggi fantastici, e vi ringrazio di cuore per avermi accompagnato.

Continuate a sognare e a esplorare, cari lettori. Che la magia delle parole vi accompagni sempre, illuminando il vostro cammino con la luce delle stelle e il calore dell'amicizia. Vi abbraccio con affetto e spero di rivedervi presto in nuove avventure letterarie.

Con amore,
                Nonno Michele

ಕಥೆ

Printed in Great Britain
by Amazon